En breve:

- La conversión es un proceso para toda la vida.
- La gracia y la constante perseverancia de Dios son necesarias para el crecimiento espiritual.
- La participación es una parte importante de nuestra comunidad de fe.

- *¿Qué rol crees que tiene la fe en tu vida?*
- *¿De qué manera cambiará tu vida con la fe?*

La Conversión: un proceso para toda la vida

¡Bienvenido! Ahora ya eres un miembro iniciado de la Iglesia Católica.

Tu formación como católico no termina con la Vigilia Pascual. De hecho, marca el comienzo de tu compromiso para aprender más y vivir el mensaje cristiano católico. Tu viaje continúa.

La próxima fase del proceso RICA se denomina **mistagogia**, una palabra griega que significa "misterio". La Iglesia de los inicios utilizaba los cincuenta días que van desde la Pascua hasta Pentecostés para explicar el misterio de los sacramentos celebrados durante la Pascua. Hoy en día, este período luego de la Pascua posee el mismo propósito. Es el momento en el que los **neófitos** (nuevos conversos) profundizan la comprensión de la Palabra de Dios y de los sacramentos, y se preguntan qué significa este nuevo compromiso para sus vidas.

A medida que exploras la mistagogia, tu enfoque cambiará ya que en vez de aprender la fe pasarás a vivirla. Te comprometerás con la Iglesia cada vez que elijas vivir como Jesús.

Las cimas de las montañas y los valles

> *"El alma de quien sirve a Dios siempre nace en la alegría, siempre guarda las vacaciones, y siempre está en el estado de ánimo para cantar".*
>
> *San Juan de la Cruz*

Quizás sientas lo que San Juan de la Cruz describió. Es posible que también tengas otros sentimientos:

> *"Sentí un alto nivel de espiritualidad durante la Vigilia Pascual. Pero ahora todo lo demás parece muy... normal".*
>
> *"Siento que ya me gradué. Supongo que no tengo que seguir yendo a estas reuniones".*
>
> *"Estoy un poco confundido. Puse mucha energía para prepararme para la iniciación a la Iglesia. ¿Y ahora qué hago?"*
>
> *"Realmente amo mi nueva fe, pero todavía tengo preguntas. Quizás debí haber esperado".*

Ni siquiera los apóstoles saltaban de alegría todo el tiempo. Pedro vivió la transfiguración de Jesús en persona (Mateo 17:1–9) y quiso quedarse en esa cima de la montaña; pero tuvo que descender. La alegría de estar en la cima de la montaña debió haber pasado a otro plano cuando los apóstoles fueron testigos del sufrimiento y de la muerte de Jesús.

CIC 160, 545, 981, 1427–29, 2757

Si te encuentras en una etapa con alto nivel de espiritualidad o el efecto de novedad se apaga a medida que vuelves a tu vida cotidiana, aférrate al deseo de seguir aprendiendo sobre los misterios de la fe. Esto forma parte de la conversión en curso.

La conversión en curso

Conversión significa "cambiar o girar". La **conversión** es el llamado omnipresente de los cristianos no solo para el crecimiento de la fe sino también para vivir la fe. Significa profundizar la relación con Dios y los cristianos.

El primer paso del proceso de conversión consiste en recurrir a Jesucristo, aceptarlo como Señor y Salvador, y elegir vivir una vida de fe en la comunidad de las personas de Dios. El primer paso se denomina **conversión inicial**. Puede ser una experiencia emotiva, un momento dramático, o algo que mueva tu alma. O puede ser sutil, un cambio que ocurre de a poco.

Reflexiona sobre tu propia conversión inicial.

- *¿Cuál fue el punto de inflexión que hizo que quieras saber más?*
- *¿Cuándo supiste que estabas en el camino correcto?*

La conversión es un proceso que necesita no solo nutrirse sino también de la atmósfera correcta para continuar creciendo. Incluso los apóstoles de Jesús continuaron con su cambio y su crecimiento de fe luego de la conversión inicial.

Santiago y Juan estaban buscando a un rey guerrero como aquellos del Antiguo Testamento, que convocaban a las personas, reunían un ejército y expulsaban a los romanos. Pero Jesús llegó como un "sirviente dolorido" (ver Isaías 53) y llamó a sus apóstoles "no para ser servido, sino para servir" (Mateo 20:28). Esto no era para nada lo que esperaban, pero al seguir a Jesús, descubrieron que su misión de salvación era más importante que cualquier otra misión de conquista que hubiesen imaginado jamás.

> *En efecto, Cristo invitó a la fe y a la conversión, Él no forzó jamás a nadie. "Dio testimonio de la verdad, pero no quiso imponerla por la fuerza a los que le contradecían. Pues su reino [...] crece por el amor con que Cristo, exaltado en la cruz, atrae a los hombres hacia Él".*
>
> *CIC* 160

- *¿Has sentido algo que finalmente resultó ser mejor de lo que esperabas?*
- *¿Cómo han cambiado tus expectativas sobre la Iglesia a medida que crece tu fe?*
- *¿Alguna situación que hayas experimentado en la Iglesia resultó ser mejor de lo que esperabas?*

¿De qué manera afectará la conversión en curso a mi vida?

En el siglo XVIII, Alfonso María de Ligorio, un joven y ambicioso abogado, estaba trabajando en un caso complicado entre dos duques italianos. Cuando perdió el caso como consecuencia del engaño, su mundo se derrumbó. Salió furioso de la sala gritando, "Mundo, ahora te conozco".

Semanas más tarde, luego de una discusión con su dominante padre, entró a una iglesia y escuchó una voz que le decía, "Alfonso, entrégate a mí". Salió a la calle y se dirigió a la iglesia de Nuestra Señora de la Merced y apoyó su espada, símbolo de la nobleza, en uno de los altares laterales, simbolizando así su decisión de entregarle su vida a Dios.

Aquí no terminó su conversión. Tres años más tarde, se lo ordenó sacerdote, el siguiente paso en su camino de fe. Luego, durante sus vacaciones en la Costa Amalfitana junto a otros cuatro sacerdotes, una tormenta precipitada los obligó a bajar a tierra y a refugiarse en un monasterio llamado Santa María de la Montaña. Alfonso estaba abrumado por la pobreza que sufrían los habitantes de la ciudad y por eso se dedicó a servir a los pobres del distrito rural. La muerte de su amigo y maestro, el Obispo Falcoia, hizo que Alfonso asuma el rol de líder.

El proceso de conversión continuó durante toda la vida de San Alfonso Liguori. Lo mismo ocurre con nosotros. Dios nos llama para que usemos nuestros dones y talentos para traer amor y verdad a nuestro mundo, y para que de esa manera se nos presenten muchas oportunidades para alcanzar la gracia y la conversión constante.

- *¿De qué manera te llama Dios en tu vida cotidiana para que te conviertas?*
- *¿Qué agregarías a tu vida para continuar acercándote a Dios?*

Jornada de Fe

M2

MISTAGOGIA

En breve:

- Los fieles laicos son esenciales en la vida de la Iglesia.
- Los laicos sirven al reino de Dios junto con los sacerdotes ordenados y los religiosos consagrados.
- Los fieles laicos viven el llamado a la santidad en el ámbito de la familia, el empleo y la comunidad.

El Papel del Laico

Los miembros de una comisión de planeamiento de la liturgia parroquial escogieron canciones para las próximas misas de domingo. Luego de decidirse por himnos tradicionales, un liturgista sugirió dedicarles un momento de la misa específicamente a los adolescentes. "Después de todo", dijo, "ellos son el futuro de la Iglesia. Es importante celebrar una misa donde se sientan bienvenidos".

En ese momento un joven sacerdote dijo, "Es importante que todos se sientan bienvenidos en las misas. Todos somos partes de la misma Iglesia, no importa la etapa o el momento de nuestras vidas en el que nos encontremos".

- *¿Qué crees que quiso decir el sacerdote con su comentario?*
- *¿Cómo puedes ayudar a los demás a sentirse bienvenidos en tu iglesia parroquial?*

Cada uno es realmente importante en el plan de Dios para el mundo. Al utilizar la gracia recibida en el bautismo, los miembros del **sacerdocio común de los fieles** sirven al reino de Dios. Dios considera a todos los cristianos como sus hijos, dándonos poder para actuar como sacerdotes, profetas y reyes en nombre de Cristo.

> *"Pero vosotros sois linaje elegido, sacerdocio real, nación santa, pueblo adquirido, para anunciar las alabanzas de Aquel que os ha llamado de las tinieblas a su admirable luz".*
>
> *1 Pedro 2:9*

Como *sacerdotes*, los fieles laicos ofrecen adoración a Dios, especialmente al participar en la liturgia eucarística.

Como *profetas*, pronunciamos la Palabra de Dios y somos testigos de la vida, de las enseñanzas, y de las acciones salvadoras de Cristo.

Como *reyes*, sacamos provecho de la autoridad y del poder de Dios para continuar el ministerio de Cristo de servicio y amor a todas las personas.

Si bien nunca ha sido la verdadera definición de los laicos, el término fiel laico tuvo la connotación de ser un receptor pasivo de la fe. Al sacerdocio ordenado y a aquellos en la vida consagrada se los veía como aquellos que tenían un papel activo en la difusión y la transmisión de la fe. En la Iglesia de hoy en día, lo que los laicos no esperan es ser precisamente pasivos en su fe.

Como fiel laico, eres un niño adoptado por Dios, un hermano o una hermana de Jesús, y un heredero de la riqueza de la gracia y de la vida eterna de Dios, llamado para servir al reino de Dios aquí en la Tierra.

ADOLESCENTES

CIC 864, 873, 897–913, 940–943, 1546–47, 2442

"Como en la complexión de un cuerpo vivo ningún miembro se comporta de una forma meramente pasiva, sino que participa también en la actividad y en la vida del cuerpo, así en el Cuerpo de Cristo, que es la Iglesia".

Decreto sobre apostolado de los laicos
(*Apostolicam Actuositatem*), 2

- *¿Cómo te sientes al ser llamado para estar activo en tu vida de fe? ¿La vida de fe de tu parroquia? ¿La Iglesia?*

Un trabajo compartido

A pesar de que el sacerdocio ordenado es único, los obispos, sacerdotes y diáconos trabajan en conjunto con los laicos. Cristo envía a los laicos al mundo para transformar los valores de la sociedad y a los individuos en aquellos que pertenecen al reino de Dios, para predicar tal como lo haría él. Esto significa que a veces somos llamados para actuar contraculturalmente, para ir en contra de lo que se espera en la cultura secular y para actuar como lo haría Jesús.

Antes de la pasión y la muerte, Cristo oró por todos sus discípulos, los del presente y los del futuro:

"Ellos no son del mundo, como yo no soy del mundo. Santifícalos en la verdad: tu Palabra es verdad. Como tú me has enviado al mundo, yo también los he enviado al mundo".

Juan 17:16–18

Como fieles laicos, afrontamos al mundo "siendo testigos consistentes en [nuestra] vida personal, familiar y social al proclamar y compartir el evangelio de Cristo en cada situación en la que [nos] encontramos".

En ciertas preguntas relacionadas con la colaboración de los fieles no decretados en el Ministerio Sacerdotal Sagrado

- *¿Qué crees que significa vivir de manera contracultural como hizo Jesús?*
- *¿De qué manera predicas como lo haría Jesús en tu vida?*

Realizar el trabajo de Dios en el mundo

El llamado a la santidad y a vivir la vida como Jesús es nuestra **vocación universal**, la vocación por la cual todos hemos sido llamados para vivir. Cada uno de nosotros posee una **vocación en particular**, es decir, somos llamados para ejercer una vocación que es específica para cada uno. El sacerdocio de los fieles incluye el celibato religioso, personas casadas y solteras. Todas estas vocaciones conllevan dones y oportunidades especiales para servir.

"El amor es por tanto la vocación fundamental e innata de todo ser humano. La Revelación cristiana conoce dos modos específicos de realizar integralmente la vocación de la persona humana al amor: el Matrimonio y la Virginidad. Tanto el uno como la otra, en su forma propia, son una concretización de la verdad más profunda del hombre, de su 'ser imagen de Dios'".

Papa Juan Pablo II, sobre la misión de la familia cristiana en el mundo actual (*Familiaris Consortio*), 11

- *¿Cómo vives actualmente tu vocación universal?*
- *¿Has sentido que Dios te llama para una vocación en particular?*

Como parejas casadas y padres

Esposos y esposas son llamados para ayudar a su cónyuge e hijos en el camino a la santidad. Sus principales responsabilidades se centran en la familia, su iglesia local. Otros tipos de servicio en la Iglesia se ubican luego de estas responsabilidades principales.

"El hogar es así la primera escuela de vida cristiana y 'escuela del más rico humanismo' (GS 52,1). Aquí se aprende la paciencia y el gozo del trabajo, el amor fraterno, el perdón generoso, incluso reiterado, y sobre todo el culto divino por medio de la oración y la ofrenda de la propia vida".

CIC 1657

Jornada de Fe

M3 MISTAGOGIA

ADOLESCENTES

En breve:

- Diversos dones del Espíritu Santo pueden encontrarse en la vida de los fieles.
- Todos los dones espirituales son utilizados por amor hacia y al servicio de los demás.
- Es nuestra tarea percibir, desarrollar y compartir nuestros dones espirituales.

Tus Dones Espirituales

> *"Hay diversidad de carismas, pero el Espíritu es el mismo; diversidad de ministerios, pero el Señor es el mismo; diversidad de operaciones, pero es el mismo Dios que obra en todos. A cada cual se le otorga la manifestación del Espíritu para provecho común, Porque a uno se le da por el Espíritu palabra de sabiduría; a otro, palabra de ciencia según el mismo Espíritu; a otro, fe, en el mismo Espíritu; a otro, carismas de curaciones, en el único Espíritu; a otro, poder de milagros; a otro, profecía; a otro, discernimiento de espíritus; a otro, diversidad de lenguas; a otro, don de interpretarlas. Pero todas estas cosas las obra un mismo y único Espíritu, distribuyéndolas a cada uno en particular según su voluntad".*
>
> *1 Corintios 12:4–11*

¿No puedes imaginarte como un profeta o llevando a cabo acciones poderosas? ¿No eres un alumno sobresaliente o un atleta estrella? ¿No crees que tengas dones especiales? ¿Piensas que el Espíritu Santo te ha ignorado?

El Espíritu Santo no te ha dejado fuera. Todos recibimos nuestros dones espirituales mediante el bautismo, dones que debemos usar para unificar al cuerpo de Cristo y para ayudar a difundir el mensaje del reino de Dios. No has tenido la oportunidad de elegir tus propios dones espirituales, Dios los concede a través del trabajo del Espíritu Santo, pero tú tienes la tarea de utilizarlos por amor hacia y al servicio de los demás.

> *"Para realizar su misión, el Espíritu Santo 'la construye y dirige con diversos dones jerárquicos y carismáticos'. 'La Iglesia, enriquecida con los dones de su Fundador y guardando fielmente sus mandamientos del amor, la humildad y la renuncia, recibe la misión de anunciar y establecer en todos los pueblos el Reino de Cristo y de Dios. Ella constituye el germen y el comienzo de este Reino en la tierra'".*
>
> *CIC* 768; cita la Constitución Dogmática de la Iglesia, 4–5

Pero antes de que aprecies o utilices plenamente los dones del Espíritu Santo, tienes que abrirte a ellos y apreciar lo que se te ha dado. Una vez que los hayas percibido y entendido, estarás mejor preparado para compartirlos dentro y fuera de tu comunidad.

CIC 768, 797–810, 2690

El don de la sabiduría

"¿Hay entre vosotros quien tenga sabiduría o experiencia? Que muestre por su buena conducta las obras hechas con la dulzura de la sabiduría".

Santiago 3:13

Se dice que la sabiduría viene con los años, pero esto no es automático. La sabiduría es un don del Espíritu Santo que se logra teniendo una mente abierta, aprendiendo de diferentes experiencias, conociendo la naturaleza humana y sabiendo que Dios vive y se encuentra activo en nuestro mundo. Cambia la manera en la que vivimos.

Utilizamos el don de la sabiduría cuando:

- Aconsejamos a los demás.
- Disuadimos a nuestros amigos de tener una conducta dañina o destructiva.
- Somos parte de pequeños grupos de fe.

- *¿Qué otras acciones o ministerios necesitan del don de la sabiduría?*

?

El don del conocimiento

"Corazón inteligente adquiere ciencia, el oído de los sabios busca la ciencia".

Proverbios 18:15

Todos tenemos conocimiento que podemos compartir con los demás. No importa cuánto conocimiento tengamos, sino cómo lo usamos. Nuestro objetivo no debería ser demostrarle a los demás que están equivocados o probarles cuán inteligentes somos; debemos utilizar nuestro conocimiento para el beneficio de los demás.

Utilizamos el don del conocimiento cuando:

- Somos tutores voluntarios de alumnos que necesitan apoyo extra después de clase.
- Ayudamos a nuestro hermano menor con un proyecto de ciencias, un evento de los exploradores (*scouts*), etc.
- Asistimos a entrenadores de atletas más jóvenes.

- *¿Qué otras acciones o ministerios necesitan del don del conocimiento?*

?

El don de la fe

"Díceles: 'Por vuestra poca fe. Porque yo os aseguro: si tenéis fe como un grano de mostaza, diréis a este monte: 'Desplázate de aquí allá', y se desplazará, y nada os será imposible".

Mateo 17:20

Es fácil subestimar al don de la fe. Pero Jesús nos dijo que podemos mover montañas con el verdadero don de la fe. La fe nos da la capacidad para tener esperanza incluso cuando sufrimos.

Utilizamos el don de la fe cuando:

- Oramos, de manera individual o en grupo.
- Trabajamos en una tienda de comida, en un refugio para personas sin hogar, o en un centro para la atención de crisis durante el embarazo.
- Ofrecemos palabras sinceras de esperanza o de aliento a alguien que está triste.

- *¿Qué otras acciones o ministerios necesitan del don de la fe?*

?

El don de la sanación

"Curad enfermos, resucitad muertos, purificad leprosos, expulsad demonios. Gratis lo recibisteis; dadlo gratis".

Mateo 10:8

Cuando pensamos en la curación, quizás pensamos en un retorno milagroso a la salud física que desafía cualquier tipo de explicación. Pero si bien a veces la curación incluye una cura milagrosa, no siempre significa recobrar la salud física. La curación se da tanto en el espíritu como en el cuerpo. Cuando necesitamos ayuda para levantar un espíritu depresivo, hacer sonreír a alguien o tocar un corazón herido, utilizamos el don de la curación.

Utilizamos el don de la curación cuando:

- Llevamos a misa a personas que se encuentran en asilos.
- Pasamos tiempo con personas confinadas al hogar.
- Llevamos los deberes a los compañeros de clase que están enfermos.

Jornada de Fe

M4 MISTAGOGIA

ADOLESCENTES

En breve:

- El discernimiento espiritual es un proceso de toma de decisiones en el que buscamos la voluntad de Dios.
- San Ignacio de Loyola ofrece un proceso de discernimiento de siete pasos.
- El discernimiento juega un papel importante en nuestro crecimiento espiritual y en nuestro camino de fe.

Discernimiento

¿He escogido la carrera universitaria correcta?

¿Debería involucrarme más con el grupo de jóvenes?

¿Renuncio a mi empleo de medio tiempo para realizar más trabajo voluntario?

La vida está llena de decisiones y a muchos de nosotros nos gustaría ser capaces de preguntarle a Dios qué necesitamos hacer para que nos dé la respuesta correcta. Puede ser difícil saber para qué nos llama Dios, especialmente cuando parece que todo en nuestras vidas cambia repentinamente o cuando no tenemos tiempo suficiente para tomar una decisión.

- *¿Cuál es la forma en que normalmente tomas decisiones importantes?*
- *¿Tiendes a seguir a tu cabeza o a tu corazón?*

Aunque Dios no nos haya enviado un cronograma de lo que necesitamos vivir exactamente de acuerdo a su plan para nosotros, todavía podemos obtener una guía divina según las decisiones que tomamos. Como cristianos, creemos que el Espíritu Santo vive dentro de nosotros y nos da una sensación de la voluntad de Dios para nuestras vidas. Antes de que Jesús abandonara este mundo, nos prometió el don de su Espíritu, al decirles a sus discípulos:

> *"Y yo pediré al Padre y os dará otro Paráclito, para que esté con vosotros para siempre, el Espíritu de la verdad, a quien el mundo no puede recibir, porque no le ve ni le conoce. Pero vosotros le conocéis, porque mora con vosotros".*
>
> *Juan 14:16–17*

El Espíritu Santo nos lleva a la verdad y nos ayuda a descubrir y a caminar sobre el camino que Dios trazó para nosotros. Pero el Espíritu Santo no es la única voz que busca guiarnos. Existen muchas otras voces en el mundo que compiten por nuestra atención y que tratan de influenciarnos hacia una dirección en particular—aunque no todas esas voces nos beneficien.

- *¿Qué otras voces tratan de influenciar tus decisiones?*
- *¿Cuáles de estas voces tienen influencias positivas? ¿Por qué?*
- *¿Qué voces son influencias que quieres evitar? ¿Por qué?*

CIC 407, 800, 1776–94

El proceso de toma de decisiones bien informadas y consideradas se denomina **discernimiento**. El discernimiento auténtico puede ser complejo debido a nuestra falta de conocimiento propio y nuestro deseo de que Dios diga que "sí" a lo que *nosotros* queremos, lo que puede llevarnos a manipular o a ignorar la guía que recibimos del Espíritu. Sin embargo, mientras que tengamos voluntad para aprender y nos abramos al Espíritu Santo, comenzaremos a notar y a percibir la verdadera voz de Dios.

No existe para todos el mismo camino que nos lleve a la voluntad de Dios con certeza en todas las situaciones. No es tan sencillo. Pero existen guías que pueden ayudarnos a crecer en cuanto a nuestra capacidad para conocer y entender la voluntad de Dios cuando nos enfrentamos a una decisión. San Ignacio de Loyola ofrece algunas guías en sus *Ejercicios espirituales* que pueden ayudarte a comenzar. A medida que crece tu fe y que cultivas el don del discernimiento, desarrollarás el mejor método para ti; para comenzar, a continuación encontrarás los siete pasos basados en las guías de San Ignacio de Loyola.

Los siete pasos del discernimiento

1. Determina cuál es la decisión que debes tomar.

Antes de discernir qué es lo que Dios quiere que hagas, necesitas saber exactamente qué es lo que debes decidir. Por ejemplo: ¿Debo terminar con esta relación o amistad? ¿Debo elegir esta universidad? ¿Debo involucrarme más en esta actividad? Cuando te enfoques en la pregunta, asegúrate de recordar a Dios durante todo el proceso de toma de la decisión. Pídele ayuda a Dios continuamente para saber la verdad y pídele que te de la libertad y el valor interno para llegar a la verdad.

2. Reúne información importante.

Piensa en las posibles decisiones que puedes tomar. Considera las ventajas y desventajas de dicha elección. Se creativo al momento de pensar cada una de las posibles situaciones. Una situación que parece tener solo dos opciones, como continuar o terminar con una amistad, puede que tenga más posibilidades. Puede que seas capaz de llegar a un acuerdo luego de una discusión, o que solo puedas ver a tu amigo en ciertas condiciones.

Escribir las ventajas y desventajas de cada alternativa puede ayudarte. Incluye los efectos de cada opción en cuanto a tu relación con Dios, la familia, la comunidad y con los demás. También considera cómo cada una de las alternativas puede afectar tu vida. ¿Dios te llama para que salgas de tu zona de confort y cambies la manera en la que todo siempre ha sido? ¿Dios te pide que utilices tus talentos de una manera que nunca has esperado, planeado o pensado antes? Identifica cualquier potencial obstáculo para realizar cada alternativa y determina cuál es válido (como, ¿esta alternativa pondría en riesgo a alguien o iría en contra de lo que tú sabes que es correcto?) y cuáles son simples obstáculos (como, temer a lo desconocido o el deseo de que las cosas no cambien y resulten conocidas).

Este proceso requiere de mucha honestidad, valor y paciencia. Si sientes que necesitas una segunda opinión, pregúntale a un amigo de confianza o a un tutor que tú sabes que tiene una fe enorme y que te ayudará a poner en primer plano la voluntad de Dios.

3. Lleva la información hacia la oración.

La clave del discernimiento cristiano consiste en llevar todas las opciones que tengamos disponibles hacia la oración para ver qué opción nos acerca más al sentido de la presencia, la paz y la alegría de Dios.

A medida que llevas esas opciones hacia la oración, puedes notar que hay una opción que deseas más que otras. Si es posible, pregúntate: ¿Estoy dispuesto a dejar de lado esta opción si Dios me llama para ir en otra dirección?

Es fácil aferrarse a una opción en particular, y esa unión puede alejarnos de lo que realmente Dios tiene para nosotros. Es por eso que oramos por la gracia de la libertad interna. La **libertad interna** significa que somos libres de nuestras emociones y de las uniones que no son saludables, y que estamos abiertos a tomar una decisión centrándonos en lo que Dios tiene en mente para nosotros.

Jornada de Fe

M5 MISTAGOGIA

En breve:

- Todos los cristianos son llamados a la santidad.
- El crecimiento en santidad es una búsqueda eterna.
- Podemos superar obstáculos hacia la santidad con la ayuda del Espíritu Santo.

Nuestro Llamado a la Santidad

Juan era un atleta dotado; era algo natural para él. Pero no lo era para su hermano menor, Tom. Tom era siempre el último al que escogían cuando había que armar equipos, y la mayor parte del juego permanecía en el banquillo.

Juan sabía que Tom quería ser una pieza clave del equipo. Por eso se ofreció como su entrenador personal. Los hermanos armaron un programa de prácticas regulares en el jardín trasero. Juan trabajó mucho con Tom, lo ayudó a mejorar sus habilidades y su actitud. Luego de varios meses, todos comenzaron a notar a un nuevo joven en el campo de fútbol. Tom tenía confianza en sí mismo. Tenía alguien que creía en él —y finalmente participó en el juego.

- *¿Cómo definirías a la santidad?*
- *¿Cuáles fueron las acciones santas de Juan hacia su hermano?*

Puede que hayas escuchado la expresión, "Si quieres algo, tienes que trabajar por ello". Como hizo Tom en la historia anterior, trabajamos por las cosas que realmente queremos lograr. Programamos un momento de práctica, pedimos ayuda a los demás y trabajamos en ello.

Se aplican los mismos principios cuando se trata de vivir una vida como Cristo. Si deseamos una vida de santidad, debemos trabajar por ello. Cuando piensas en la palabra santo, quizás pienses en el Papa, los santos, tu sacerdote parroquial, tus amigos que acuden contigo a la iglesia o al hacer trabajo voluntario, pero quizás no pienses en ti mismo. Quizás pienses que la santidad es un objetivo que *ellos* pueden lograr pero no *tú*.

Pero la santidad no es únicamente para santos y héroes. No significa ser perfecto o sobrehumano. Ser santo significa diferenciarte de los demás, haciendo lo correcto incluso cuando lo hagas solo. Significa realizar pequeños actos con gran amor. Significa crecer activamente en intimidad con Cristo —incluso si implica demasiada práctica.

> *"Él le dijo: 'Amarás al Señor, tu Dios, con todo tu corazón, con toda tu alma y con toda tu mente'".*
>
> *Mateo 22:37*

- *¿Qué significa ser santo para ti?*
- *¿Qué persona aparece en tu mente cuando piensas en la palabra santo? ¿Por qué?*

ADOLESCENTES

CIC 825, 2012–16, 1691–98, 2028, 2427

Todos somos llamados a la Santidad

Las raíces hebreas y griegas de la palabra **santidad** indican separación, o una vida lejos de Dios. A medida que trabajes para lograr una vida más santa, tu relación con Cristo se transformará en una relación más personal. Te sentirás menos aferrado a las cosas de este mundo y más conectado con lo que Jesús te ofrece en el cielo.

Lo que la santidad parece en la vida de una persona quizás no parezca lo mismo en tu vida. Simplemente piensa en la variedad de vidas de los santos. La vida de una monja contemplativa, la de un sacerdote devoto y la de la madre de cinco niños. Cada una de estas vidas se verían diferentes, y la manera en la que estos santos vivieron la santidad en su vida cotidiana también sería diferente.

Jesús está presente en todas estas vidas, y en cada una de ellas puede ser una luz que guíe a los demás a la santidad. Cualquier persona que busque el bien, la verdad y la belleza está buscando a Dios, la fuente de estas cosas. En el camino único de cada persona hacia la santidad, los dones y las fortalezas personales tienen un papel importante.

Pero nuestra santidad no se basa únicamente en las cosas que hemos hecho o en los premios o logros que hemos alcanzado. La fuente de nuestra santidad, sin importar su forma, es Cristo, que se sacrificó por nosotros.

- *¿Dónde observas santidad en tu propio ser?*
- *¿De qué manera puedes nutrir su crecimiento?*

"'La Iglesia, en efecto, ya en la tierra se caracteriza por una verdadera santidad, aunque todavía imperfecta' (LG 48). En sus miembros, la santidad perfecta está todavía por alcanzar: 'Todos los cristianos, de cualquier estado o condición, están llamados cada uno por su propio camino, a la perfección de la santidad, cuyo modelo es el mismo Padre'" (LG 11).

CIC 825

¿Yo? ¿Un santo?

En el Nuevo Testamento, la palabra *santo* es, en ocasiones, un sinónimo para hacer referencia a los cristianos. Debido a que nosotros, como cristianos, somos llamados a pertenecer a Jesucristo, somos llamados a ser santos, a diferenciarnos en la santidad (ver Romanos 1:6-7). Los santos que fueron reconocidos (canonizados) por la Iglesia aceptaron este llamado a diferenciarse y a vivir a través de la gracia y de la misericordia de Dios. No se convirtieron en santos de la noche a la mañana. Tuvieron que trabajar por ello. Sus vidas de santidad llevaron tiempo, esfuerzo y el deseo de estar lo más cerca posible de Dios.

Los santos crecieron de la misma manera en que tú eres llamado para crecer en tu fe. Sintieron su llamado a la santidad en su interior, y quisieron vivir sus vidas de acuerdo a ese llamado. Lo desearon más que a cualquier otra cosa. Este deseo de vivir como Jesús vivía en sus mentes y esto los influyó en sus decisiones. Este deseo era la motivación detrás de sus actividades cotidianas. Por muy importante que fuese o no, cada acción estaba centrada en Dios.

No somos llamados a ser más que humanos, sino a vivir nuestra humanidad como lo hizo Jesús. De eso se trata la santidad, de convertirnos en humanos plenos, en la persona que Dios creó para nosotros.

"Procurad la paz con todos y la santidad, sin la cual nadie verá al Señor".

Hebreos 12:14

- *¿Hay algo en tu vida que desees profundamente?*
- *¿De qué manera ese deseo se orienta hacia la santidad?*
- *¿Cómo puedes alinear dicho deseo con la voluntad de Dios?*

Jornada de Fe

En breve:

- Observamos los caminos de Dios en la vida de aquellos que practican las virtudes.
- Existen virtudes humanas y teologales.
- La virtud máxima es el amor (caridad).

Vivir las Virtudes

Todos tenemos malos hábitos, que a veces llamamos "vicios", pero rara vez pensamos en nuestros buenos hábitos, es decir, nuestras "virtudes". Las **virtudes** son aquellas conductas que nos hacen ver fácilmente lo que es bueno. No se trata de medallas al mérito que prueban cuán buenos somos o cuánto más virtuosos que otras personas podemos ser. Son maneras de observar y de vivir la vida, que nos transforman en la imagen y el retrato de Dios.

> *"[Virtud] permite a la persona no sólo realizar actos buenos, sino dar lo mejor de sí misma. Con todas sus fuerzas sensibles y espirituales, la persona virtuosa tiende hacia el bien, lo busca y lo elige a través de acciones concretas".*
>
> *CIC* 1803

Se nos ha conferido la libertad especial para desarrollar nuestras vidas de acuerdo al plan que tuvo Dios para nosotros—o no. Cuando actuamos virtuosamente, estamos cooperando con la gracia de Dios. La enseñanza del catolicismo divide a las virtudes en dos categorías; las virtudes humanas, también conocidas como virtudes morales o cardinales, y las virtudes teologales.

Las **virtudes humanas**, junto con las gracias cotidianas que Dios nos ha dado, se adquieren mediante el esfuerzo, las acciones y los hábitos. Ellas "regulan nuestros actos, ordenan nuestras pasiones y guían nuestra conducta" (*CIC* 1804). Las **virtudes teologales** son un don de Dios y son divinas en cuanto a su origen. Ambas categorías de virtudes nos ayudan a identificarnos y a definirnos como discípulos cristianos.

- *¿Tú crees que es posible vivir una vida verdaderamente cristiana con solo un tipo de estas virtudes? ¿Por qué sí o por qué no?*
- *¿De qué manera se complementan las virtudes humanas y teologales en pos de un mismo objetivo (tal como vivir como Cristo)?*

Las virtudes humanas (morales o cardinales)

Prudencia

La prudencia guía a las otras virtudes al marcar límites y estándares. Nos guía a un juicio correcto. Actuamos con prudencia cuando:

- evaluamos una situación.
- comparamos todas las opciones disponibles y determinamos cuál nos lleva al bien.
- trabajamos para lograr lo que necesitamos.

En algunas ocasiones las personas confunden a la prudencia con una precaución o limitación excesiva. Sin embargo, una persona prudente es aquella que se encuentra preparada para tomar la decisión correcta en el momento adecuado. La prudencia se juzga no solo con respecto a si la acción genera un buen resultado (fin) sino también con respecto a si la decisión (el medio) es la mejor acción hacia el bien.

- *¿Qué decisiones importantes has tenido que tomar? ¿De qué manera puede ayudarte la prudencia a tomar una decisión?*

Justicia

La justicia es la acción o relación correcta. En este mundo habrá siempre desigualdad, contradicción o desacuerdo entre las personas. La justicia perfecta llegará en el juicio final y solo de Dios. Sin embargo, la virtud de la justicia nos orienta a actuar con igualdad hacia Dios y hacia el prójimo de manera consistente y sin vacilar.

Actuamos con justicia cuando:

- consideramos las verdaderas (no las supuestas) necesidades de los demás.
- tenemos en cuenta la situación antes de actuar.
- nos tomamos el tiempo para conocer a los demás.

A menudo las personas piensan que el hecho de ser justo significa darles a todas las personas lo mismo. Pero cada individuo tiene sus propias necesidades. Por ejemplo, una pareja tiene dos niños, uno necesita gafas y el otro tiene una visión perfecta. ¿Serían justos los padres si dijesen que ambos o ninguno de sus hijos necesitan anteojos? En este caso, ¿la acción correcta es diferente para cada niño?

Cuando actuamos con justicia, es importante también recordar la misericordia de Jesús. Si bien una retribución y reconocimiento en base al mérito son adecuados, piensa acerca de la parábola entre el propietario de la viña y sus obreros (Mateo 20:1-16). El propietario contrató obreros durante el transcurso del día pero les pagó como si hubieran trabajado la jornada completa. Si bien hay un "salario justo", Jesús quiere que actuemos no solo con justicia terrenal sino también con generosidad, que considera que los actos de compasión y misericordia están por encima de la letra de la Ley.

- *¿Alguna vez tus necesidades han sido diferentes a las necesidades de los demás (compañeros de clase, amigos, hermanos)?*
- *Lee la parábola completa de los obreros (Mateo 20:1-16). ¿Cómo te sentirías si hubieras trabajado todo el día? ¿Solo por unas horas? ¿Dónde observas justicia en el empleo en esta parábola?*

Fortaleza

¿Has visto alguna vez la película *El Mago de Oz*? La misión del León cobarde consistía en pedir valor. Este personaje se encontró con una serie de situaciones difíciles y desafiantes de las cuales tenía que salir adelante a pesar de la adversidad. Cuando finalmente logró llegar a Oz, se dio cuenta de que había conseguido valentía por sí mismo y todo a través de la perseverancia.

Actuamos con fortaleza cuando:

- perseguimos el bien incluso cuando es difícil.
- superamos las dificultades con valentía y con propósito.
- continuamos con la búsqueda del bien incluso cuando se requiere sacrificio.

Si bien la prudencia y la justicia guían nuestro razonamiento y nuestras decisiones, la fortaleza y la templanza nos ayudan a salir adelante. Puede que el miedo o la falta de confianza en nosotros mismos nos tienten a abandonar la acción. Puede que la presión de nuestros pares nos induzca a elegir lo que no es correcto. La persona con fortaleza no se rendirá.

- *¿Te has visto influenciado al momento de tomar decisiones por temor o por la presión de los demás?*
- *¿Cómo te mantienes firme en tus convicciones?*

Templanza

La palabra clave para la templanza es el equilibrio. La templanza contrarresta a las tentaciones de los placeres excesivos y nos brinda moderación al ejercer nuestras pasiones. "Asegura el dominio de la voluntad sobre los instintos y mantiene los deseos en los límites de la honestidad" (*CIC* 1809).

Actuamos con templanza cuando:

- medimos cuidadosamente el uso de los bienes creados.
- medimos, canalizamos y ordenamos nuestras emociones hacia el bien.
- nos alimentamos y bebemos con moderación según nuestras necesidades.

Jornada de Fe

M7

MISTAGOGIA

En breve:

- La familia es la "iglesia doméstica".
- Los padres no son solo los primeros maestros de la fe sino también los más importantes.
- La fe y la identidad católica se celebran en familia.

Vida en Familia

Los padres naturalmente desean lo mejor para sus hijos, tal como somos llamados a desear lo mejor para nosotros. Los mensajes de la sociedad pueden llevarnos a pensar que la fama, el poder, la belleza física, la seguridad financiera, la salud perfecta, el éxito, la riqueza y la influencia son lo "mejor" y lo que más deseamos. Mientras que cada una de ellas tiene sus beneficios, probablemente notemos más valor duradero en las características internas tales como la paciencia, la bondad, el bien, la generosidad, el respeto propio, la compasión, la tolerancia, la integración y la honestidad.

Al ser miembros de una familia y mentores, nuestra tarea es ser el ejemplo de estos dones más duraderos y profundos en acción. A través del amor, el cuidado, la influencia y el ejemplo ayudamos a fortalecer las bases de nuestra familia.

Es por eso que la Iglesia Católica pone mucho énfasis en la importancia de la vida familiar. Una familia feliz y estable aporta un ambiente en el que un niño puede aprender a relacionarse con los demás: a cuidar, compartir, amar y perdonar. No solo recibimos esta influencia de nuestra propia familia, a pesar de que sea el lugar más influyente, sino que también podemos influenciar a nuestros amigos para que vivan una vida llena de propósitos más profundos y además podemos ser un ejemplo para aquellos que nos admiran, ya sea un compañero menor de otra clase, un hermano menor o alguien que ni siquiera sabe que nos tiene como ejemplo.

- *¿Qué puedes hacer para desarrollar tus características internas y las de los demás para lograr el éxito terrenal?*

Fe y nuestros padres

En nuestra familia encontramos un lugar donde primero aprendemos a ser nosotros mismos y a cómo relacionarnos con los demás. Estas experiencias constituyen la base de nuestra propia imagen y donde comienza nuestra vida de fe.

> *"Los padres son los primeros responsables de la educación de sus hijos. Testimonian esta responsabilidad ante todo por la creación de un hogar, donde la ternura, el perdón, el respeto, la fidelidad y el servicio desinteresado son norma. La familia es un lugar apropiado para la educación de las virtudes".*
>
> *CIC* 2223

Nuestros padres no son solo los primeros maestros de la fe sino también los más importantes. Aprendemos a comunicarnos y a tratar a los demás, a lidiar con los desacuerdos, a manejar las dificultades y a perdonar todas las acciones de nuestros padres. Como nuestro ejemplo y nuestros maestros, nuestros padres nunca están "fuera de servicio", y a medida que crecemos nos damos cuenta cada vez más de que nuestros padres son como nosotros—humanos e imperfectos. Tal como nosotros, nuestros padres cometen errores.

ADOLESCENTES

- *¿De qué manera tus padres te han influenciado en tu fe?*
- *¿Hay algo acerca de tu fe que quisieras compartir con ellos?*

Fe y nuestra familia

Nadie es perfecto: ni nuestros padres, hermanos, primos, ni tú mismo. Por eso la vida familiar tampoco es perfecta. Desacuerdos, discusiones, sacrificio, compromiso y el perdón son elementos de nuestra vida familiar. No podemos amar a nuestra familia solamente cuando las cosas están bien. El amor verdadero solo existe cuando nos perdonamos, entendemos y aceptamos más allá de nuestras imperfecciones. Dios nos ama incondicionalmente, bajo cualquier circunstancia, y este es el tipo de amor por el que debemos luchar en nuestras familias.

> *"Mientras vive en el domicilio de sus padres, el hijo debe obedecer a todo lo que éstos dispongan para su bien o el de la familia... Los niños deben obedecer también las prescripciones razonables de sus educadores y de todos aquellos a quienes sus padres los han confiado. Pero si el niño está persuadido en conciencia de que es moralmente malo obedecer esa orden, no debe seguirla".*
>
> *CIC* 2217

Esto no significa que nuestros padres deban estar de acuerdo, o incluso deban tolerar, nuestras acciones cuando tenemos una conducta errada o una actitud peligrosa. Así como Dios establece guías y normas para que nos mantengamos en el camino correcto, nuestros padres tienen la responsabilidad de ponernos límites para que estemos a salvo y para que nos enseñen lo que es correcto y lo que no.

Obedecer a nuestros padres o tutores es un elemento importante de nuestra fe, tan importante que el Cuarto Mandamiento se basa en el honor a nuestros padres. Sin embargo, honrar a nuestros padres y a nuestra familia no quiere decir que los obedezcamos. Esto significa que participamos en la vida familiar, especialmente en nuestra vida familiar de fe. Podemos convertirnos en ejemplo para nuestros hermanos y para ayudar a nuestros padres a crecer en fe.

- *¿Existen momentos en que estás en desacuerdo o discutes con tus padres o con otros miembros de tu familia?*
- *¿Cuál es el motivo de estos desacuerdos?*
- *La próxima vez que te enojes con tus padres o con cualquier otro miembro de tu familia, ¿cómo puedes actuar con amor y obediencia?*

Vivir la fe en familia

No todas las familias son iguales, y ninguna familia es completamente "normal", y menos perfecta. Eso está bien. Tu familia y tu vida familiar son únicas para ti, y existen muchas maneras en las que puedes llevar tu perspectiva de la fe a tu propia familia.

El primer paso consiste en pasar tiempo con tu familia. Tal vez te encuentres ocupado con tareas escolares, extracurriculares o incluso con un empleo de medio tiempo. Sin mencionar el tiempo que deseas pasar haciendo lo que te gusta o con tus amigos. Sin embargo, también es importante dedicarle tiempo tu familia.

Aquí encontrarás diferentes maneras de dedicarle tiempo a tu familia sin sacrificar demasiado tu independencia:

- *Cena con tu familia cuantas veces puedas.* Puede ser sencillo recurrir a la comida para llevar, pero cuando sea posible, siéntate y come con todos los miembros de tu familia. Apaga o pon en silencio todos los objetos que puedan llegar a distraerte y presta atención a las personas que te rodean. Ayuda a preparar la cena o a limpiar la mesa.
- *Ora con tu familia.* Al dar las gracias antes de la cena, o al pedirles a tus padres que reciten una decena del rosario contigo en el automóvil, puedes compartir pequeños momentos de oración con tu familia. Si tu familia ya tiene pautado un horario para orar, participa y tómatelo en serio. Tú eres un ejemplo para tus hermanos menores, y tu participación y tu aporte pueden lograr una gran diferencia en cómo tus padres pasan el momento de oración.

Jornada de Fe

En breve:

- La relación con Jesús es fundamental para la conversión.
- Hemos sido llamados a compartir la buena noticia.
- La Iglesia nos prepara para la misión de la evangelización.

Evangelización

"Un día durante el almuerzo, un grupo de personas empezó a hablar de religión. La desafié a Margaret, que era católica. Pensé que sabía en lo que creían los católicos. Margaret me explicó con paciencia las creencias de los católicos. Algo me llamó la atención y por eso decidí que quería saber más sobre el tema".

"Fui a la iglesia católica por unas semanas, pero como me sentía fuera de lugar me sentaba solo. Un día, una mujer se acercó, se presentó y luego me ayudó a que me integrara".

"Luego de que mi hermano se convirtió al catolicismo, me envío varios libros de Merton y Chesterton. No estaba tan interesado en ellos, pero a medida que los leía, me daba cuenta de que ellos tenían razón".

Los católicos de estas anécdotas se estaban evangelizando. De una forma u otra, eran testigos y compartían la buena noticia del evangelio de Jesucristo.

Dios llama a todos los bautizados para que logren la evangelización. Como escribió el Papa Francisco en su exhortación apostólica *La alegría de la evangelización* (*Evangelii Gaudium*), "Sabemos bien que la vida con Él se vuelve mucho más plena y que con Él es más fácil encontrarle un sentido a todo. Por eso evangelizamos" (*EG* 266). La evangelización se vuelve parte de nosotros mismos, parte de lo que somos, a tal punto que a menudo nos evangelizamos sin saber que lo estamos haciendo.

- *¿Quién fue la primera persona que te introdujo en la fe católica?*
- *¿Por qué su ejemplo fue tan convincente?*

¿Qué es la evangelización?

El término **evangelización** proviene de la palabra griega *euangelizomai*, que significa "traer o anunciar la buena noticia, la *euangelion*". Cuando evangelizamos, estamos proclamando el misterio de Dios de la salvación de la humanidad en Jesús.

Evangelizar puede significar el trabajo misionero de llevar el evangelio a las personas que nunca han escuchado la buena noticia. Sin embargo, la evangelización no se limita a un solo tipo de misión. También podemos evangelizar al lograr que las personas que nos rodean, incluidos otros cristianos, obtengan un conocimiento más profundo de Jesucristo y su amor. De hecho, la evangelización es la base de todos los ministerios que se encuentran dentro de la Iglesia debido a que equipa a aquellos que escuchan la Palabra de Dios para salir y vivir la misma.

La evangelización ha sido importante para la Iglesia desde sus comienzos. Incluso las últimas palabras de Cristo antes de ascender al cielo estaban relacionadas con la evangelización:

"Id, pues, y haced discípulos a todas las gentes bautizándolas en el nombre del Padre y del Hijo y del Espíritu Santo, y enseñándoles a guardar todo lo que yo os he mandado".

Mateo 28:19–20

La disposición de cualquier persona para unirse a la Iglesia a menudo tiene mucho que ver con el hecho de que esa persona tenga una relación positiva con algún miembro activo. Este ejemplo puede hacer una gran diferencia. Por eso es importante que nuestra fe sea una parte pública de nuestras vidas, y no algo que se practica únicamente en privado.

- *¿Quién ha sido un evangelizador para ti?*
- *¿Cómo puedes actuar de esa manera para otra persona?*

¿Cómo evangelizamos?

Ahora que has visto lo importante que es la evangelización para la fe, ¿por dónde comienzas? Existen diferentes maneras para evangelizar, pero a continuación encontrarás un plan de cinco pasos. Este plan se basa en las enseñanzas del Papa Pablo VI en su exhortación apostólica sobre la evangelización en el mundo contemporáneo *(Evangelii Nuntiandi)*.

Paso uno: ser testigo de Cristo

Jesús evangelizó al proclamar y presenciar la buena noticia del amor, la justicia y la misericordia de Dios, y al compartir la esperanza de nuestra salvación del pecado y la desesperanza.

El primer paso para convertirnos en un digno evangelizador es ser un **testigo**, para vivir nuestra fe en Jesucristo. El Papa Pablo VI señaló que *"El hombre contemporáneo escucha más a gusto a los que dan testimonio que a los que enseñan—decíamos recientemente a un grupo de seglares—, o si escuchan a los que enseñan, es porque dan testimonio"* (EN 41).

El testigo positivo de un católico amoroso, cariñoso y misericordioso es el método más fuerte de atraer personas a Jesús y a la Iglesia. Nuestro amor nos guía a Jesucristo.

- *¿De qué manera ya eres ya un testigo de las buenas noticias?*
- *¿Cómo puedes amar más como Cristo?*

Paso dos: Comparte tu fe

El segundo paso en la evangelización consiste en explicar las enseñanzas de Cristo en los términos de qué significa ser católico. Ser un ejemplo silencioso para la vida en Cristo no es suficiente, *"pues el más hermoso testimonio se revelará a la larga impotente si no es esclarecido, justificado, explicitado por un anuncio claro e inequívoco del Señor Jesús"* (EN 22).

Jesús no solo vivió fe en Dios a diario, habló acerca de lo que significaba la fe y la salvación para nuestras vidas diarias. Jesús habló con las personas acerca de la fe, respondió sus preguntas y los desafió a vivir sus vidas orientadas a Dios. Su Sermón del monte, sus parábolas y sus interacciones con las personas nos demuestran cómo debemos compartir nuestras creencias con los demás.

No podemos platicar acerca de la fe si no la entendemos. Es por eso que la Iglesia les pide a aquellos que estén plenamente iniciados en la Iglesia que continúen con el crecimiento de su fe.

Muchas parroquias ofrecen grupos de jóvenes que exploran diferentes áreas de la formación de la fe, y te dan la oportunidad de mantener fresca tu espiritualidad. Cuanto más sepas acerca de tu fe, más confiado te sentirás como evangelizador.

- *¿Qué áreas de la fe quisieras conocer más?*

Paso tres: Ofrece la opción de amar

Este es el tercer paso en la evangelización; la razón por la cual compartimos nuestra fe. A través de la evangelización, conducimos a las personas al amor a Cristo. "Evangelizar es ser testigo del Dios revelado en Jesucristo, en el Espíritu".

La mejor manera de ofrecer la opción de amar es personalmente, cara a cara. Las personas atraen a otras personas. El amor engendra amor. El amor en acción toma la forma del servicio. Incluso el acto de bondad más simple puede tener un impacto profundo. El mayor acto de bondad que podemos tener hacia otra persona es ofrecerle la invitación de Cristo a la salvación de la muerte y del pecado a través de una vida llena de amor, justicia y misericordia.

- *¿A quién serías llamado para evangelizar?*
- *¿Cómo les llevarías la opción de amar?*

Evangelización = Amor

El Papa Pablo VI nos recordó que evangelizar es amar. Mencionó tres señales de amor en el proceso de evangelización:

1. Respeto por las situaciones religiosas y espirituales de aquellos que son evangelizados. Nuestro mensaje del amor de Cristo no debería manifestarse en insultos hacia la religión o a las creencias espirituales de los demás. No está mal debatir con alguien, ya que puede llevarnos a una conversión más profunda, pero cualquier desacuerdo debe ser tratado respetuosamente y con conocimiento de causa y del tema que se discute.
2. Preocúpate por no herir a la persona, especialmente si su fe es débil. Todos nos encontramos en lugares diferentes en nuestras vidas espirituales y debemos presentar nuestra fe como un espacio que ofrece perdón y misericordia.
3. El esfuerzo por difundir certezas ancladas en la Palabra de Dios, no duda e incertidumbre debido a nuestra falta de conocimiento o estudio inadecuado. Es por eso que es tan importante el llamado a continuar con nuestra educación en la fe.

Paso cuatro: Desafía nuestra cultura

Nuestro testigo católico debe afectar a los valores de nuestra sociedad. El paso cuatro nos desafía a ser contraculturales. La evangelización involucra *"alcanzar y transformar con la fuerza del Evangelio los criterios de juicio, los valores determinantes, los puntos de interés, las líneas de pensamiento, las fuentes inspiradoras y los modelos de vida de la humanidad, que están en contraste con la palabra de Dios y con el designio de salvación"* (*EN* 19).

Jesús desafió a la hipocresía, habló en contra de los poderosos que se aprovechaban de los pobres y condenó a aquellos líderes religiosos que reducían la fe a prácticas menores y *"descuidáis lo más importante de la Ley: la justicia, la misericordia y la fe"* (Mateo 23:23).

Jesús nos pide lo mismo. Somos llamados a llevar el evangelio a nuestra sociedad, a hablar con los pobres y las personas sin hogar, a reforzar el lugar que ocupa el matrimonio y la familia en nuestra sociedad, y a demostrar el respeto a la vida. No podemos lograr ninguna de estas cosas si tratamos de separar nuestra vida religiosa de nuestra vida cultural.

- *¿A qué parte de tu vida eres llamado a llevar el evangelio?*

Paso cinco: Haz el bien

El paso final nos incita a tomar lo positivo de nuestra sociedad y a ponerlo al servicio del evangelio. "La cultura debe regenerarse mediante el encuentro con el evangelio." Esta es nuestra responsabilidad cristiana. Debemos hacer lo que podemos para ver los avances en la medicina, que son utilizados para el servicio de la vida y no para destruirla. Debemos trabajar para tomar decisiones que beneficien a los pobres y a las personas abandonadas de las comunidades globales. A menudo debemos sacrificar nuestros propios deseos por las necesidades de los demás.

El bien esta en nuestra cultura, pero ese bien puede ser aún mejor cuando es tocado por el poder transformador de la buena noticia de Cristo. Todos anhelamos el amor, el afecto y la salvación. Aún ansiamos la buena noticia de Jesús. Es por eso que el Concilio Vaticano II dijo que debemos enfrentar al mundo moderno con alegría y esperanza, con el optimismo del evangelio que da vida.

- *¿De qué maneras nuestra cultura apoya el bien?*
- *¿Cómo puede mejorar el bien mediante un entendimiento de las buenas noticias?*

Evangelízate primero

Cuando todo está dicho y hecho, la primera audiencia para la evangelización es la del católico activo. Los católicos convencidos convencerán a los demás. Los católicos cariñosos atraerán a los demás. Nuestra conversión es más que un suceso único en nuestras vidas o el punto máximo de la experiencia de "renacer". La evangelización es un proceso. El llamado de Cristo a construir su Iglesia debe ofrecerse una y otra vez a los católicos en cada etapa de sus vidas.

De manera individual o en grupo, haz una lista de preguntas que pienses que los demás tienen acerca de la fe católica (incluye preguntas que has tenido acerca de la fe antes de convertirte en católico). Elige una o dos preguntas y haz una búsqueda de las respuestas. Utiliza los folletos de las lecciones anteriores o tus notas, la Biblia, el Catecismo de la Iglesia católica y cualquier otra fuente a la que tengas acceso. Si no encuentras la respuesta al finalizar esta sesión, continúa buscando.

- *¿Cómo puedes evangelizar a los católicos que conoces?*

Describe una parte de tu vida en la que puedas hacer una gran diferencia para los demás. ¿Cómo puedes servir como un ejemplo de Cristo?

Jornada de Fe para Adolescentes: Mistagogia, M8 (826955)

Imprimi Potest: Stephen T. Rehrauer, CSsR, Provincial de la Provincia de Denver, Redentoristas

Imprimatur: "Conforme al CIC 827, Rev. Msgr. Mark S. Rivituso, Vicar General de St. Louis, concedió el Imprimátur para la publicación de este libro el 25 de enero del 2017. El Imprimátur es un permiso para la publicación que indica que la obra no contiene contradicciones con las enseñanzas de la Iglesia Católica, sin embargo no implica la aprobación de las opiniones que se expresan en ella. Con este permiso no se asume ninguna responsabilidad".

Jornada de Fe © 2000, 2016 Liguori Publications, Liguori, MO 63057. Para hacer pedidos, visite Liguori.org o llame al 800-325-9521.

Liguori Publications, corporación no lucrativa, es un apostolado de los Redentoristas. Para saber más acerca de los Redentoristas visite Redemptorists.com.

Edición del 2016: Theresa Nienaber y Pat Fosarelli, MD, DMin. Diseño: Lorena Mitre Jiménez. Imágenes: Shutterstock.

Publicado con licencia eclesiástica. Textos de la Escritura tomados de la *Biblia de Jerusalén Latinoamericana*, Desclee de Brower, Bilbao, España. Todos los derechos reservados. Los textos del *Catecismo de la Iglesia Católica* y demás textos pontificios fueron tomados con permiso de *Libreria Editrice Vaticana*; versión en español. Cumple con el *Misal Romano, Tercera Edición*.

Impreso en los Estados Unidos de América.
Tercera edición.

LIBROS LIGUORI

Jornada de Fe

- *Ora por tu familia.* Si tu familia no puede reunirse para orar, puedes orar por ellos. Ofrece en sacrificio intenciones especiales para el crecimiento de tu familia. Esta puede ser una buena estrategia, especialmente cuando no tienes una buena relación con algún miembro de tu familia. En lugar de discutir, ofrece primero tus frustraciones durante la oración.
- *Recuerda a tus parientes lejanos.* Nuestra familia no se limita a nuestros padres y hermanos. Si tienes parientes lejanos que viven cerca, hazte tiempo para visitarlos más allá de los días festivos tradicionales. Ofrécete para llevar a tus abuelos a misa o para hacer los quehaceres del hogar. Si tus parientes lejanos viven lejos, llámalos y mantén el contacto. Demuestra tu interés y hazles saber que están en tus oraciones.
- *Agradece.* Tu familia hace mucho por ti. Demuestra que notas las pequeñas cosas, tal como cuando tu padre cocina tu cena favorita o cuando tu hermana ayuda a fregar los platos incluso cuando es tu turno.
- *Practica el perdón y admite tus errores.* ¿Qué sientes cuando una persona dice honestamente "lo siento"? ¿Qué tan a menudo dices "lo siento" a tu familia? Cuando convives con otras personas, tienes la posibilidad de ver lo peor y lo mejor de cada una de ellas. Es normal que surjan discusiones. Pero la próxima vez que estés molesto, retrocede y observa la situación desde otra perspectiva. Ofrece y pide perdón cuantas veces puedas.

- *¿De qué otras maneras puedes compartir y lograr que crezca tu fe con tu familia?*

Transmitir la fe

Puede que no pienses en empezar una familia en un futuro cercano. Puede que no desees una familia justo en este momento o puede que sientas un fuerte llamado a una vida religiosa. Si sientes que has sido llamado a una vida matrimonial y a comenzar tu propia familia, es importante que entiendas lo que implica tal decisión.

En el mundo de hoy en día, es desafiante vivir y criar una familia en un marco cristiano. Los valores de la sociedad de consumo a menudo se contradicen con los valores de Jesucristo. Vivir una vida familiar cristiana requiere de sacrificio, pero las recompensas de amor, seguridad y de un hogar feliz harán que valga la pena.

> *"La familia constituye un medio natural para la iniciación del ser humano en la solidaridad y en las responsabilidades comunitarias. Los padres deben enseñar a los hijos a guardarse de los riesgos y las degradaciones que amenazan a las sociedades humanas".*
>
> *CIC* 2224

Si te conviertes en padre, será tu trabajo transmitir la fe y hacer que valga para tus propios hijos. La mejor manera de lograrlo es construyendo una base sólida de fe ahora; una que sea el ejemplo de lo que significa la fe para ti.

De manera individual, crea un plan de cómo te gustaría que tu familia comparta la experiencia de la fe. Asegúrate de que se trate de un plan práctico y realizable para tu familia. Comparte este plan cuando llegues a casa y llévalo a cabo durante el transcurso de la semana. Trata de que se convierta en una rutina semanal para tu familia.

Piensa en tu familia.

¿De qué te sientes agradecido?
¿A qué dificultades te enfrentas?
¿Hay espacio en tu vida familiar para implementar una práctica de fe compartida más sólida?

Jornada de Fe para Adolescentes: Mistagogia, M7 (826955)

Imprimi Potest: Stephen T. Rehrauer, CSsR, Provincial de la Provincia de Denver, Redentoristas

Imprimatur: "Conforme al CIC 827, Rev. Msgr. Mark S. Rivituso, Vicar General de St. Louis, concedió el Imprimátur para la publicación de este libro el 25 de enero del 2017. El Imprimátur es un permiso para la publicación que indica que la obra no contiene contradicciones con las enseñanzas de la Iglesia Católica, sin embargo no implica la aprobación de las opiniones que se expresan en ella. Con este permiso no se asume ninguna responsabilidad".

Jornada de Fe © 2000, 2016 Liguori Publications, Liguori, MO 63057. Para hacer pedidos, visite Liguori.org o llame al 800-325-9521.

Liguori Publications, corporación no lucrativa, es un apostolado de los Redentoristas. Para saber más acerca de los Redentoristas visite Redemptorists.com.

Edición del 2016: Theresa Nienaber y Pat Fosarelli, MD, DMin. Diseño: Lorena Mitre Jiménez. Imágenes: Shutterstock.

Impreso en los Estados Unidos de América.
Tercera edición.

LIBROS LIGUORI

Jornada de Fe

Algunas personas equiparan a la templanza con la abstinencia, pero esto no es correcto salvo en casos de adicción donde la moderación no es posible. La templanza nos lleva a medir cuidadosamente el uso de los bienes creados y a no evitarlos completamente. La falta de equilibrio en ciertas ocasiones conduce al consumismo, al materialismo y a la acumulación de objetos a la vez que se pierde el verdadero propósito de nuestras vidas.

La moderación o el equilibrio son realmente importantes cuando lidiamos con las emociones, que son críticas en nuestra vida moral. Ellas provocan el movimiento inicial hacia el bien. Aunque estas deben ser medidas, recibidas y ordenadas de manera constante hacia el bien.

- *¿Tienes problemas para moderar algo en tu propia vida?*
- *¿Qué puedes hacer para abandonar este hábito?*

Las virtudes teologales

> *"Las virtudes teologales se refieren directamente a Dios. Disponen a los cristianos a vivir en relación con la Santísima Trinidad. Tienen como origen, motivo y objeto a Dios Uno y Trino".*
>
> *CIC* 1812

Las virtudes teologales se originan en Dios, son eficaces bajo su dirección y lo tienen como su destino. El bien humano auténtico y la unión con Dios van de la mano. Solo podemos encontrar felicidad y realización auténtica a través de la unión con el Dios trino.

Esta unión no puede darse únicamente con nuestro esfuerzo, siempre encontraremos límites debido a la debilidad y al pecado humano. La fe, la esperanza y la caridad nos separan de nosotros mismos y nos ayudan a crecer en santidad.

Fe

La fe nos permite creer en Dios y en todo lo que nos ha revelado. Nos permite aceptar su presencia y, aún más importante, a amar al Dios que nos ha amado primero.

A pesar de que la fe es un don, debe también ser aceptada y nutrida. Ninguna persona se llena de fe por el simple hecho de reconocer la existencia de Dios o por recitar un credo. Debido a que la fe está vinculada a la amistad con Dios, esta se sostiene y fortalece en las oportunidades que tenemos para conocer a Dios. No podemos convertirnos en amigos de alguien sin haber pasado tiempo con ellos. Lo mismo ocurre con la fe.

Nuestra fe no puede crecer si no dejamos que Dios entre en nuestras vidas. La fe entra y atraviesa una comunidad de creyentes—la Iglesia.

Existen dos resultados a raíz de vivir con fe:

- *Una buena vida moral.* No podemos creer en Dios y no preocuparnos por los demás. Existe un vínculo entre creer en Dios y la acción moral correcta.
- *Un espíritu de evangelización.* Considera qué tan difícil es no comunicar la buena noticia. Piensa en el entusiasmo que tenemos al comunicar lo que nos gusta. Por instinto, deseamos comunicar al mundo. Compartimos buenas cosas porque deseamos que los demás también sientan nuestra alegría. Lo mismo ocurre con la fe.

La fe nutre al espíritu de la humildad, la gratitud y la determinación para convertirnos en lo que Dios ha creado para nosotros. Nos recuerda que Dios está por encima de nosotros y que siempre trabaja, incluso es capaz de sacar lo bueno de lo malo. Nos libera de la tarea de traer consigo el bien al mundo.

- *¿Qué impacto ha tenido tu relación con Dios en lo que va de tu vida?*

Esperanza

> *"[Esperanza] protege del desaliento; sostiene en todo desfallecimiento; dilata el corazón en la espera de la bienaventuranza eterna. El impulso de la esperanza preserva del egoísmo y conduce a la dicha de la caridad".*
>
> *CIC* 1818

La esperanza tiene su origen en nuestra confianza en la presencia de Dios y en su actividad en el mundo. La esperanza significa que tenemos un anhelo alegre de la llegada del reino de Dios, cuando todas las fuerzas del mal desaparezcan. No nos preguntamos si el reino de Dios llegará, sino cuándo.

Observamos la obra de la esperanza especialmente en la expresión de valor. Buscar el bien ante la adversidad es una tarea difícil. El valor se basa en la esperanza de que Dios complete el buen trabajo iniciado en nosotros.

- *¿De qué manera tu esperanza en el reino de Dios te da valor en tu camino de fe?*

Caridad (Amor)

La caridad es *"fuente y término de [su] práctica cristiana"* (*CIC* 1827). Creados del amor propio, fuimos creados para amar. La caridad ordena todas las demás virtudes porque es el objetivo que todas quieren lograr. La caridad involucra el recibimiento del amor de Dios en nuestros corazones, y luego el amor a Dios y al prójimo en respuesta.

Santo Tomás de Aquino escribió que amar a alguien es apropiarnos de su amor y preocupación. Jesús dijo, "Que, como yo os he amado, así os améis también vosotros los unos a los otros" (Juan 13:34). Con tantas nociones culturales del amor, el testigo de Jesús nos da un punto de referencia para saber de qué manera debemos amar. El Señor nos pide que amemos, *"hasta a nuestros enemigos (cf Mt 5, 44), que nos hagamos prójimos del más lejano (cf Lc 10, 27-37), que amemos a los niños (cf Mc 9, 37) y a los pobres como a Él mismo (cf Mt 25, 40, 45)"* (*CIC* 1825).

- *¿Cómo expresas el amor en tu vida?*

¿Tienes dificultad para vivir alguna de estas virtudes? ¿Por qué tienes dificultades? Al reflexionar, piensa de qué manera puedes mejorar esto para lograr fortalecer esta virtud y escribe las diferentes opciones.

Con un compañero o de manera individual, arma una lista con una situación en la que observes a esta virtud en acción en el mundo y con una situación en la que puedas vivir activamente esta virtud en tu vida.

Prudencia

Justicia

Fortaleza

Templanza

Fe

Esperanza

Caridad (Amor)

Jornada de Fe para Adolescentes: Mistagogia, M6 (826955)

Imprimi Potest: Stephen T. Rehrauer, CSsR, Provincial de la Provincia de Denver, Redentoristas

Imprimatur: "Conforme al CIC 827, Rev. Msgr. Mark S. Rivituso, Vicar General de St. Louis, concedió el Imprimátur para la publicación de este libro el 25 de enero del 2017. El Imprimátur es un permiso para la publicación que indica que la obra no contiene contradicciones con las enseñanzas de la Iglesia Católica, sin embargo no implica la aprobación de las opiniones que se expresan en ella. Con este permiso no se asume ninguna responsabilidad".

Jornada de Fe © 2000, 2016 Liguori Publications, Liguori, MO 63057. Para hacer pedidos, visite Liguori.org o llame al 800-325-9521.

Liguori Publications, corporación no lucrativa, es un apostolado de los Redentoristas. Para saber más acerca de los Redentoristas visite Redemptorists.com.

Edición del 2016: Theresa Nienaber y Pat Fosarelli, MD, DMin. Diseño: Lorena Mitre Jiménez. Imágenes: Shutterstock.

Impreso en los Estados Unidos de América.
Tercera edición.

LIBROS LIGUORI

Jornada de Fe

Mantener la santidad en mente

> *"Ay de vosotros, escribas y fariseos hipócritas… por fuera aparecéis justos ante los hombres, pero por dentro estáis llenos de hipocresía y de iniquidad".*
>
> *Mateo 23:27–28*

Si deseamos santidad como los santos, necesitamos tener presente a Dios en todas nuestras acciones y pensamientos. No es suficiente con parecer santo por fuera si nuestros pensamientos y actitudes internas no están llenos de santidad. Si nuestra mente o nuestras actitudes están colmadas de sentimientos que no nos llevan hacia la santidad, o incluso nos alejan de esta, tendremos poco espacio para crecer.

No solo debemos tener el deseo de convertirnos en santo sino que debemos deshacernos de cualquier cosa que se nos interponga en el camino hacia ello.

> *"Si, pues, tu ojo derecho te es ocasión de pecado, sácatelo y arrójalo de ti… Y si tu mano derecha te es ocasión de pecado, córtatela y arrójala de ti".*
>
> *Mateo 5:29–30*

- *Menciona algo que se interponga en tu camino hacia la santidad.*

Ser un cristiano, un santo, no significa que el bien llega de la nada. Todavía debemos cultivarlo, y nuestra fe nos da la gracia y la guía que necesitamos para escoger el bien y la santidad. A menudo esto significa que debemos dejar atrás ciertas cosas, hábitos y amigos.

Esto no quiere decir que aquellas cosas, hábitos o amigos hayan sido malos (a pesar de que algunos de nuestros malos hábitos puedan llegar a ser pecados), sino que han sido distracciones en nuestro crecimiento. Piensa en un viaje. Tienes un destino específico en mente, y quieres llegar allí. Si tomas cada carretera secundaria que has visto, o has dejado de viajar y te has quedado en el lugar donde te encuentras, nunca llegarás a destino. Lo mismo ocurre con la santidad. Si detenemos nuestra búsqueda o permitimos que las distracciones nos alejen, nunca llegaremos a ella.

> *"Teniendo, pues, estas promesas, queridos míos, purifiquémonos de toda mancha de la carne y del espíritu, consumando la santificación en el temor de Dios".*
>
> *2 Corintios 7:1*

- *¿Cuáles serían las distracciones que te impiden llegar a la santidad?*
- *¿De qué manera puedes deshacerte de dichas distracciones?*

La búsqueda de la santidad

Jesús no dijo que llegar a la santidad sería fácil. De hecho, dijo que sería tan difícil que algunas personas ni siquiera intentarían llegar a ella.

> *"Entrad por la entrada estrecha; porque ancha es la entrada y espacioso el camino que lleva a la perdición, y son muchos los que entran por ella; mas ¡qué estrecha la entrada y qué angosto el camino que lleva a la Vida!; y poco son los que lo encuentran".*
>
> *Mateo 7:13–14*

A primera vista, esto parece desalentador. ¿Cuál es el punto de intentar lograr la santidad si solo unas pocas personas logran encontrarla? Pero hay otra manera de mirar a esta "entrada estrecha". Como desafío, todos somos llamados a reunirnos.

Dentro de cada uno de nosotros se encuentra esta entrada estrecha y la gracia, que nos entregó el Espíritu Santo, para atravesarla. Puede estar oculta al principio, pero está presente. Encontrarla será difícil. Nos lastimaremos. Nos desalentaremos. Las personas nos dirán que no podremos lograrlo o que la recompensa no vale la pena.

Pero detrás de esta puerta estrecha se encuentra la integridad de la vida, la plenitud del amor, la paz y la alegría. Podemos obtenerlo. Es nuestro derecho natural por ser hijos de Dios. Solo debemos desearlo con todo nuestro corazón y estar dispuestos a trabajar para lograrlo.

- *¿De qué manera el camino hacia la santidad puede convertirse en una aventura?*

En grupo o de manera individual piensa acerca de la manera en que la santidad puede convertirse en una aventura. ¿Qué cosas deberías llevar contigo? ¿Qué personas quisieras tener a tu lado? ¿A dónde te llevaría esta aventura?

Luego de haber pensado sobre estas preguntas, haz una lista, un dibujo, escribe una historia o haz cualquier otra cosa que desees para representar cómo se vería tu aventura hacia la santidad.

Piensa en la agenda de la semana entrante. ¿Qué actividades tienes en la lista? ¿Qué oportunidades tienes para llegar a la santidad? ¿Tienes que agregar o deshacerte de cosas para continuar con tu camino hacia la santidad?

Jornada de Fe para Adolescentes: Mistagogia, M5 (826955)

Imprimi Potest: Stephen T. Rehrauer, CSsR, Provincial de la Provincia de Denver, Redentoristas

Imprimatur: "Conforme al CIC 827, Rev. Msgr. Mark S. Rivituso, Vicar General de St. Louis, concedió el Imprimátur para la publicación de este libro el 25 de enero del 2017. El Imprimátur es un permiso para la publicación que indica que la obra no contiene contradicciones con las enseñanzas de la Iglesia Católica, sin embargo no implica la aprobación de las opiniones que se expresan en ella. Con este permiso no se asume ninguna responsabilidad".

Jornada de Fe © 2000, 2016 Liguori Publications, Liguori, MO 63057. Para hacer pedidos, visite Liguori.org o llame al 800-325-9521.

Liguori Publications, corporación no lucrativa, es un apostolado de los Redentoristas. Para saber más acerca de los Redentoristas visite Redemptorists.com.

Edición del 2016: Theresa Nienaber y Pat Fosarelli, MD, DMin. Diseño: Lorena Mitre Jiménez. Imágenes: Shutterstock.

Impreso en los Estados Unidos de América.
Tercera edición.

LIBROS LIGUORI

Jornada de Fe

Esta parte del proceso de discernimiento es la más importante y la más exigente. No es sencillo orar de manera sincera, "Venga tu reino, hágase tu voluntad (no la mía)". Aunque si has orado por la gracia de la libertad interna, y deseas con sinceridad que el Espíritu trabaje en tu proceso de toma de decisiones, todo puede ser más sencillo. Nuestro verdadero yo siempre desea la voluntad de Dios; es nuestro falso, no redimido yo el que cae en las tentaciones de la libertad y la felicidad terrenal.

San Ignacio recomienda tres ejercicios para ayudarnos a tomar nuestra decisión:

- *¿Qué consejo le darías a otra persona que debe tomar la misma decisión que tú?*
- *Imagina que estás en tu lecho de muerte recordando tu vida. ¿Qué hubieras querido escoger?*
- *Imagina que estas parado frente a Dios en el Juicio Final. ¿Qué decisión hubieras querido tomar?*

4. Toma una decisión.

Tarde o temprano debemos tomar una decisión. Elegimos la opción que nos da más paz al momento de orar.

Pero, ¿qué sucede si ninguna de las opciones que tienes te da esa paz verdadera al orar? En ese caso, puedes posponer la toma de la decisión o escoger la opción que menos problemas te genere. Pero si estás muy indeciso, y tienes tiempo antes de decidir, continúa orando y espera hasta que alguna opción te llene de paz.

La opción de Dios quizás no sea siempre la más atractiva o la que deseamos. Hacer lo correcto puede ser muy doloroso y difícil, especialmente cuando sabes que tu decisión provocará la pérdida de un amigo o el abandono de un sueño que has tenido por mucho tiempo. Sin embargo, esas primeras lágrimas de tristeza a veces se convierten más tarde en lágrimas de alegría.

5. Convive con la decisión.

Es una buena idea convivir con tu decisión por un tiempo antes de superarla. Es importante, especialmente si tiendes a tomar decisiones de manera precipitada. Pídele al Espíritu Santo que te dé el poder y el valor para actuar en lo que crees que es la voluntad de Dios hacia tu persona.

6. Actúa en base a la decisión.

Actuar concretamente en base a tu decisión puede parecer un paso obvio, pero esta puede ser la parte más difícil. Tu decisión quizás consista en abandonar algo que todavía no quieres dejar. Continúa pidiéndole poder y valor al Espíritu Santo.

7. Busca confirmación con respecto a tu decisión.

Si tu decisión te da paz y tiene buenos resultados, puedes estar seguro de que estas actuando de acuerdo a la voluntad de Dios. Eso no quiere decir que no habrá problemas o momentos de duda acerca de si tomaste la decisión correcta.

Saber que has hecho un esfuerzo sincero para buscar la voluntad de Dios es suficiente. El discernimiento es algo que entendemos a través del juicio y del error, e incluso con el Espíritu Santo como guía, podemos llegar a tomar malas decisiones. Dios no nos pide que percibamos todo perfectamente todo el tiempo. Dios nos pide que busquemos de manera activa y sincera su voluntad, que actuemos sobre lo que percibimos, y que pidamos perdón y guía cuando creemos estar perdidos.

En grupo o con un compañero, inspírate y propone ideas acerca de qué cosas puedes hacer para percibir la voluntad de Dios al enfrentarte a una decisión difícil.

Al leer sobre los siete pasos y reflexionar sobre el discernimiento, ¿pensaste reiteradas veces en una decisión en particular? Piensa en ella y reflexiona. En los próximos días, semanas o incluso meses trabaja para percibir la voluntad de Dios.

Jornada de Fe para Adolescentes: Mistagogia, M4 (826955)

Imprimi Potest: Stephen T. Rehrauer, CSsR, Provincial de la Provincia de Denver, Redentoristas

Imprimatur: "Conforme al CIC 827, Rev. Msgr. Mark S. Rivituso, Vicar General de St. Louis, concedió el Imprimátur para la publicación de este libro el 25 de enero del 2017. El Imprimátur es un permiso para la publicación que indica que la obra no contiene contradicciones con las enseñanzas de la Iglesia Católica, sin embargo no implica la aprobación de las opiniones que se expresan en ella. Con este permiso no se asume ninguna responsabilidad".

Jornada de Fe © 2000, 2016 Liguori Publications, Liguori, MO 63057. Para hacer pedidos, visite Liguori.org o llame al 800-325-9521.

Liguori Publications, corporación no lucrativa, es un apostolado de los Redentoristas. Para saber más acerca de los Redentoristas visite Redemptorists.com.

Edición del 2016: Theresa Nienaber y Pat Fosarelli, MD, DMin. Diseño: Lorena Mitre Jiménez. Imágenes: Shutterstock.

Impreso en los Estados Unidos de América.
Tercera edición.

LIBROS LIGUORI

Jornada de Fe

- *¿Qué otras acciones o ministerios necesitan del don de la curación?*

El don de realizar hechos grandiosos

"[Jesús] vio también a una viuda pobre que echaba allí dos moneditas, y dijo: 'De verdad os digo que esta viuda pobre ha echado más que todos. Porque todos éstos han echado como donativo de lo que les sobraba, ésta en cambio ha echado de lo que necesitaba, todo cuanto tenía para vivir'".

Lucas 21:2–4

Echar dos moneditas no suena como una acción maravillosa, pero detrás de esta pequeña acción había un sacrificio y se necesitaba de una fe poderosa en Dios. Las acciones poderosas del Espíritu Santo no son necesariamente grandes ante los ojos del mundo. A menudo estas acciones son pequeños actos realizados con gran amor y confianza en Dios; el servicio humilde y atento que nadie hará.

Utilizamos el don de realizar acciones poderosas cuando:

- Servimos refrescos en funciones parroquiales.
- Limpiamos o mantenemos nuestra iglesia, escuela, u hogar.
- Realizamos tareas del jardín o quehaceres por los ancianos.

- *¿Qué otras acciones o ministerios necesitan del don de realizar acciones poderosas?*

El don de la profecía

"Porque nunca profecía alguna ha venido por voluntad humana, sino que hombres movidos por el Espíritu Santo, han hablado de parte de Dios".

2 Pedro 1:21

La profecía para los cristianos no es predecir el futuro. La profecía es vivir según los valores de Dios y pregonarlos en situaciones donde no se encuentran presentes. Cuando tienes el valor para enfrentarte a la injusticia o para defender a un compañero de clase que es intimidado, estas usando el don de la profecía. A menudo los profetas hacen declaraciones que no coinciden con la opinión popular y es por eso que la profecía cristiana necesita de un gran valor y confianza en Dios.

Utilizamos el don de la profecía cuando:

- Nos sumamos a un grupo parroquial de justicia social.
- Ayudamos a que nuestra parroquia o escuela sea agradable para todos.
- Damos nuestra opinión cada vez que nuestros amigos actúan de manera contraria al estilo de vida cristiano.

- *¿Qué otras acciones o ministerios necesitan del don de la profecía?*

El don del discernimiento de espíritus

"Hijo mío, si das acogida a mis palabras, y guardas en tu memoria mis mandatos, prestando tu oído a la sabiduría, inclinando tu corazón a la prudencia; si invocas a la inteligencia y llamas a voces a la prudencia; si la buscas como la plata y como un tesoro la rebuscas, entonces entenderás el temor de Yahveh y la ciencia de Dios encontrarás".

Proverbios 2:1-5

Es fácil dar por perdidas a las personas que creemos que son hostiles, criticonas o simplemente no están de acuerdo con nosotros. El discernimiento de espíritus significa que, en lugar de dar por perdidas a aquellas personas basándonos en nuestra primera y humana impresión, debemos analizar no solo a dichas personas sino también a la situación en la manera en que Dios lo haría. Cuando analizamos una situación para determinar y entender qué querría Dios que hagamos, estamos utilizando el don del discernimiento de espíritus.

Necesitamos el don del discernimiento de espíritus cuando:

- Somos parte de un consejo estudiantil o tenemos un papel de liderazgo en un grupo parroquial de jóvenes.
- Intercedemos en las diferencias que surgen entre nuestros amigos.
- Organizamos o buscamos voluntarios para proyectos de servicios comunitarios.

- *¿Qué otras acciones o ministerios necesitan del don del discernimiento de espíritus?*

El don de lenguas

"Quedaron todos llenos del Espíritu Santo y se pusieron a hablar en otras lenguas, según el Espíritu les concedía expresarse".

Hechos 2:4

Luego de que el Espíritu Santo descendiera en el Pentecostés, Pedro y los demás apóstoles pudieron comunicar la buena noticia sobre Dios de tal manera que las personas de cualquier tierra pudieran entenderla. El don de lenguas se transmite mediante el lenguaje del amor y la compasión. Comunicamos esto cuando expresamos aprecio, admiración y aliento hacia los demás.

Necesitamos el don de lenguas cuando:

- Invitamos a nuevas personas a participar de eventos o grupos parroquiales.
- Actuamos con compasión incluso ante el desacuerdo.
- Servimos como profesores.

- *¿Qué otras acciones o ministerios necesitan del don de lenguas?*

?

El don de interpretación de lenguas

"¡Pero dichosos vuestros ojos, porque ven, y vuestros oídos, porque oyen!".

Mateo 13:16

Cuando interpretamos lenguas escuchamos la voz de Dios en nuestra vida cotidiana.

Necesitamos el don de interpretación de lenguas cuando:

- Consolamos a los afligidos.
- Evangelizamos a nuestros amigos.
- Recibimos a nuevos amigos en nuestra escuela o parroquia.

- *¿Qué otras acciones o ministerios necesitan del don de interpretación de lenguas?*

?

Con un compañero o en grupo, da un ejemplo de una situación en la que una persona utilice algún don del Espíritu Santo. Trata de dar un ejemplo para cada don.

¿Qué dones del Espíritu Santo crees que se te han concedido? ¿De qué manera utilizarías este don en tu vida o cómo empezarías a utilizarlo?

Jornada de Fe para Adolescentes: Mistagogia, M3 (826955)

Imprimi Potest: Stephen T. Rehrauer, CSsR, Provincial de la Provincia de Denver, Redentoristas

Imprimatur: "Conforme al CIC 827, Rev. Msgr. Mark S. Rivituso, Vicar General de St. Louis, concedió el Imprimátur para la publicación de este libro el 25 de enero del 2017. El Imprimátur es un permiso para la publicación que indica que la obra no contiene contradicciones con las enseñanzas de la Iglesia Católica, sin embargo no implica la aprobación de las opiniones que se expresan en ella. Con este permiso no se asume ninguna responsabilidad".

Jornada de Fe © 2000, 2016 Liguori Publications, Liguori, MO 63057. Para hacer pedidos, visite Liguori.org o llame al 800-325-9521.

Liguori Publications, corporación no lucrativa, es un apostolado de los Redentoristas. Para saber más acerca de los Redentoristas visite Redemptorists.com.

Edición del 2016: Theresa Nienaber y Pat Fosarelli, MD, DMin. Diseño: Lorena Mitre Jiménez. Imágenes: Shutterstock.

Cumple con el *Misal Romano, Tercera Edición*.

Impreso en los Estados Unidos de América.
Tercera edición.

LIBROS LIGUORI

Jornada de Fe

Como adultos solteros

Aunque el hecho de ser soltero es considerado un estado de vida y no una vocación principal como el matrimonio, el sacerdocio y la vida consagrada, todos participamos en el llamado fundamental de los cristianos a amar. Pertenecemos a Dios y nuestro llamado a la santidad se extiende a todos los estados de vida. Aquellos que viven en un solo estado de vida pueden o no ser llamados a una vida eterna de soltería pero pueden usar su único estado para dedicar más tiempo a servir a los demás y a comprometerse con la comunidad.

La Escritura nos da muchos modelos de cómo se debe vivir una vocación universal en un solo estado de vida. Jesús era soltero, tal como María, Marta, Lázaro y otros. San Pablo vio mucho valor en el hecho de tener un solo estado y alentó a los demás a utilizar sus dones dentro de la vida de soltero:

> *"Mi deseo sería que todos los hombres fueran como yo; mas cada cual tiene de Dios su gracia particular: unos de una manera, otros de otra. No obstante, digo a los célibes y a las viudas: Bien les está quedarse como yo".*
>
> *1 Corintios 7:7–8*

Como trabajadores

Si tienes un empleo de medio tiempo o eres un estudiante a tiempo completo, el trabajo que haces cada día es una oportunidad para honrar a Dios. La manera en la que hacemos nuestros quehaceres, el esfuerzo que ponemos en nuestro trabajo escolar, cómo tratamos a aquellas personas con las que nos encontramos durante el día, pueden ser todas maneras poderosas de ser testigos de la gracia de Dios.

> *"La palabra de Cristo habite en vosotros con toda su riqueza; instruíos y amonestaos con toda sabiduría, cantad agradecidos, himnos y cánticos inspirados, y todo cuanto hagáis, de palabra y de boca, hacedlo todo en el nombre del Señor Jesús, dando gracias por su medio a Dios Padre".*
>
> *Colosenses 3:16–17*

- *¿De qué manera vería una persona a la Iglesia Católica luego de conocerte?*
- *¿De qué manera fortalecerías la conexión entre tu fe y tu vida?*

Como miembros de la Iglesia

Algunos laicos fieles son llamados para realizar tareas que consisten en asistir a los sacerdotes al momento de servir las necesidades de la comunidad mediante actividades como el servicio a los presos. Algunos utilizan sus dones en la administración parroquial o diocesana, el ministerio pastoral, capellanía, la administración del dolor o la formación de la fe. Otros participan en la administración litúrgica como profesor, cantor, ministro extraordinario de la Santa Comunión.

> *"A los laicos se les presentan innumerables ocasiones para el ejercicio del apostolado de la evangelización y de la santificación".*
>
> Decreto sobre el apostolado de los laicos (*Apostolicam Actuositatem*), 6

Como miembros de la comunidad y ciudadanos

Por último, los laicos tocan la vida de amigos, parientes lejanos y de la comunidad en diferentes maneras que son personales, profundas y únicas.

> *"La religión pura e intachable ante Dios Padre es ésta: visitar a los huérfanos y a las viudas en su tribulación y conservarse incontaminado del mundo".*
>
> *Santiago 1:27*

Prepárate, participa

A medida que tu fe madura, es posible que tengas, o te hagan, preguntas acerca de tu fe de las cuales no poseas respuestas. Por eso es importante que la formación de tu fe nunca termine. Continúa involucrándote en la parroquia local o en el ministerio del campus católico y busca oportunidades no solo para recibir a menudo los sacramentos de eucaristía y reconciliación sino también para lograr una formación constante de fe, el compromiso social y la participación en la comunidad.

También puedes continuar con el crecimiento de tu fe mediante tu propia oración habitual, al estudiar la Escritura, y al leer buenos libros acerca de temas de interés relacionados con la fe o con la vida espiritual de gente santa que tú admires.

Escribe con un compañero o de manera individual una oración en la que le pides a Dios que ayude a los jóvenes cristianos a vivir su vocación universal. Comparte esta oración con el resto del grupo al final de la sesión.

¿A qué ministerios parroquiales o comunitarios sientes que eres llamado a participar? ¿De qué manera empezarías a involucrarte?

Jornada de Fe para Adolescentes: Mistagogia, M2 (826955)

Imprimi Potest: Stephen T. Rehrauer, CSsR, Provincial de la Provincia de Denver, Redentoristas

Imprimatur: "Conforme al CIC 827, Rev. Msgr. Mark S. Rivituso, Vicar General de St. Louis, concedió el Imprimátur para la publicación de este libro el 25 de enero del 2017. El Imprimátur es un permiso para la publicación que indica que la obra no contiene contradicciones con las enseñanzas de la Iglesia Católica, sin embargo no implica la aprobación de las opiniones que se expresan en ella. Con este permiso no se asume ninguna responsabilidad".

Jornada de Fe © 2000, 2016 Liguori Publications, Liguori, MO 63057. Para hacer pedidos, visite Liguori.org o llame al 800-325-9521.

Liguori Publications, corporación no lucrativa, es un apostolado de los Redentoristas. Para saber más acerca de los Redentoristas visite Redemptorists.com.

Edición del 2016: Theresa Nienaber y Pat Fosarelli, MD, DMin. Diseño: Lorena Mitre Jiménez. Imágenes: Shutterstock.

Cumple con el *Misal Romano, Tercera Edición*.

Impreso en los Estados Unidos de América.
Tercera edición.

LIBROS LIGUORI

Jornada de Fe

La conversión ocurre todos los días

"[Jesús] les decía una parábola para inculcarles que era preciso orar siempre sin desfallecer".

Lucas 18:1

La conversión es un proceso que ocurre todos los días. Tu conversión inicial ya ha comenzado. Ahora es tu decisión asegurarte de que el proceso no se detenga. Afortunadamente, la Iglesia te ha dado las herramientas que necesitas para continuar.

Has aprendido mucho sobre la oración durante las sesiones del RICA. Ahora tendrás que utilizar lo que has aprendido. Quizás no tengas tiempo para ir a misa todos los días (¡aunque vale la pena intentarlo!). Eso no quiere decir que no tengas tiempo para orar. Puedes ofrecer en sacrificio una oración rápida para tener paciencia cuando te sientes frustrado, o para agradecer cuando algo bueno sucede. Puedes sacrificar algo simple, como escuchar música en el automóvil, orar una decena del rosario o hablar un momento con Dios.

"'Orad continuamente' (1 Ts 5:17). Orar es siempre posible. Es incluso una necesidad vital. Oración y vida cristiana son inseparables".

CIC 2757

Tú también puedes promover la conversión al involucrarte en el trabajo de la comunidad de fe. Servimos a las personas de Dios cuando participamos en los coros o bandas de música parroquial o cuando nos convertimos en profesores o anfitriones.

"La liturgia, obra de Cristo, es también una acción de su Iglesia. Realiza y manifiesta la Iglesia como signo visible de la comunión entre Dios y de los hombres por Cristo. Introduce a los fieles en la vida nueva de la comunidad. Implica una participación 'consciente, activa y fructífera' de todos".

CIC 1071

Tú también tienes dones únicos que te permiten servir a la comunidad. Si te destacas en los deportes, puede que te conviertas en entrenador de un equipo de la comunidad. Si tienes pasión por compartir lo que sabes, puedes ser tutor de forma voluntaria. Si te sientes llamado a ser las manos de Cristo, puedes ser voluntario en un comedor para indigentes. Hay posibilidades infinitas para compartir tu nueva fe y el amor a Cristo dentro de tu comunidad.

"¿De qué sirve, hermanos míos, que alguien diga: 'Tengo fe', si no tiene obras? ¿Acaso podrá salvarle la fe? Si un hermano o una hermana están desnudos y carecen del sustento diario, y alguno de vosotros les dice: 'Idos en paz, calentaos y hartaos', pero no les dais lo necesario para el cuerpo, ¿de qué sirve? Así también la fe, si no tiene obras, está realmente muerta".

Santiago 2:14–17

- *¿Qué le pasaría a tu fe si dejaras de lado todas las actividades relacionadas con ella luego de recibir los sacramentos de iniciación?*
- *¿Qué pasaría si todas las personas salieran y vivieran su fe de manera tan vibrante y pública como Jesús?*

Pensé que lo tendría todo resuelto

¿Todavía tienes preguntas acerca de tu nueva fe? ¡Bienvenido al club! Es casi imposible que un católico activo y pensante viva sin preguntas acerca de su fe. Es parte del proceso de conversión. Jesús no echó a sus apóstoles cuando ellos tenían preguntas o dudas. Les enseñó.

Tener fe significa no saber con certeza, pero creer de igual manera. Tener una relación con Dios y la Iglesia significa tener un lugar a donde ir con preguntas. Puede que no siempre obtengamos las respuestas que esperamos o queremos, quizás no obtengamos las respuestas que la sociedad considera que son correctas, pero no estamos solos.

Dícele Jesús: "Porque me has visto has creído. Dichosos los que no han visto y han creído".

Juan 20:29

Crea con un compañero o en grupo una lista de cosas que puedes hacer cuando tienes preguntas acerca de tu fe. Se lo más específico posible y guarda la lista para que puedas volver a echarle un vistazo.

¿Qué cosas del proceso de conversión en curso te parecen más interesantes? ¿Por qué? ¿Qué cosas te asustan o te intimidan? ¿Por qué?

Jornada de Fe para Adolescentes: Mistagogia, M1 (826955)

Imprimi Potest: Stephen T. Rehrauer, CSsR, Provincial de la Provincia de Denver, Redentoristas

Imprimatur: "Conforme al CIC 827, Rev. Msgr. Mark S. Rivituso, Vicar General de St. Louis, concedió el Imprimátur para la publicación de este libro el 25 de enero del 2017. El Imprimátur es un permiso para la publicación que indica que la obra no contiene contradicciones con las enseñanzas de la Iglesia Católica, sin embargo no implica la aprobación de las opiniones que se expresan en ella. Con este permiso no se asume ninguna responsabilidad".

Jornada de Fe © 2000, 2016 Liguori Publications, Liguori, MO 63057. Para hacer pedidos, visite Liguori.org o llame al 800-325-9521.

Liguori Publications, corporación no lucrativa, es un apostolado de los Redentoristas. Para saber más acerca de los Redentoristas visite Redemptorists.com.

Edición del 2016: Theresa Nienaber y Pat Fosarelli, MD, DMin. Diseño: Lorena Mitre Jiménez. Imágenes: Shutterstock.

Impreso en los Estados Unidos de América.
Tercera edición.

ISBN 978-0-7648-2695-5

LIBROS LIGUORI